KB213739

어머님 가시는 걸음이

기적과도 같아서

남은 가족엔 그것이 선물되어

여기 작은 시집을

사랑과 그리움과 믿음을 담아

바칩니다

부르신다면 가신다는 서러움이

발행인　정해우
편저자　정해우
발행처　아침해가 떠오르는 땅

초판인쇄　2022년 6월 10일
초판발행　2022년 6월 20일

출판등록　206-93-38649

대한예수교장로회 신양교회
서울특별시 광진구 뚝섬로 22길 8

아침해가 떠오르는 땅 문화센터 02-463-0415
목회지원실 02-463-1201 FAX 02-464-2262
www.morningcomeland.org

편집 디자인/메시지주보
02-2082-5512~5513
www.움직이는주보.com

ⓒ정해우 2022
ISBN 979-11-970843-2-4

값 12,000원

부르신다면

가신다는

서러움이

주님을 찾는 자들은
결국 주님을 찬양하게 될 것입니다.
왜냐하면, 주님을 찾는 자들은
반드시 주님을 만나게 될 것이고,
주님을 만난 자들은
주님을 찬양하게 될 것이기 때문입니다

아우구스티누스, 고백록. p. 26

서러움이 부르신다면 가신다는

임종17일간의 증언기록

정해우 哀歌 시 산문집

아침 해가 떠오르는 땅

이 시집의 心象대상이 된 故 권경애 어머니

어머니의 이름으로 시를 쓰자면 바닷가
모래알 같이 수도 없습니다. 그처럼 이
땅 모든 어머니의 사랑은 늦가을 무서리
같이 맑고 투명하며 가슴속 보이지 않는
눈물입니다.
故 권경애 어머니 또한 그같은 평범한 어
머니의 자격 소유자이셨고 보태어 다만
독실한 크리스쳔이셨습니다.
황해도가 고향이신 어머니는 6.25 한국
전쟁때 월남하시어 남편 故 김종화 아버
님 사이에 두 딸을 양육하였습니다.
일생을 돈독한 신앙생활로 하여 섬기는
교회에서의 여전도회 중심 멤버로 구역
회를 이끈데다 찬양대의 소프라노로 활
약했습니다.
마침내 84세를 一期로 남편이 세상을 떠
난지 불과 20일만에 생을 마치시며 자식
과 이웃에 대한 憐憫이 신앙으로 융합되
어 昏眠의 숭고한 자태로 눈을 감으셨습
니다.

6

여기 천상天上의 영원한 삶을 노래하다

어머니! 지상地上에 존재하는 유일한 불멸不滅의 이름이다. 지상의 어떤 것,세속의 어떤 것도 심지어 도덕이나 윤리적 경건성 까지도 이 이름을 넘어설 수 없다. 그런가하면 이 이름은 신비하여 세상 모든 것들을 압도하는 총체적인 에너지와 분위기를 연출해 내는 대명사가 되기도 한다.

세상 누구라서 어머니의 젖 가슴에서 벗어날 수 있으랴. 강해 질 수 있겠는가.

어머니의 사랑은 주님의 은총과도 닮아서 필부,필녀에 비추면 좌절과 낙망,무력함이 소망과 승리와 강건함으로 대체된다. 살아 생전에 이 영원한 사랑은 자연의 섭리이며 하나님의 은혜이기도 하다.

그러나 이 영겁永劫의 사랑도 흐르는 세월의 삽날에 상한 풀잎으로 꺾이니 이승의 삶과 고별해야 하는 어머니의 임종臨終이다. 임종은 이승과 저승의 지척간 생의 마지막 순간이다. 한평생 이승의 온갖 삶의 기억과 씨름을 해야하는 이 순간, 자칫 이를 훨훨 털어 내지 못하여 떠나야할 먼 길을 재촉하는 경우가 일반일테다. 존엄사가 그래서 지고지순至高至純의 마지막 생의 가치로 여겨 진다.

그런데 여기 존엄사를 초월한 영적^{靈的} 죽음을 기리니, 생전의 어머님 본래 사랑이 성경적 말씀으로 거듭나는 펙트Fact를 서정적으로 노래하게 된다.

당시는 어느 가족도 어머니가 곧 임종하리라는 예상을 할 수 없었던 열이레(17일)동안 무슨 일이 있었던가. 무시무종^{無始無終} 그 영원한 사랑이 살아 생시의 기독교적 가치관과 곰삭아 가족(딸,사위,손자,손녀)들은 임종 직전 어머니의 몸짓이 기적이었음을 천의무봉^{天衣無縫} 이 시집에서 스스럼없이 노래한다.

그럼으로써 이 시집은 죽음이 현세적 대상의 속절없는 귀결이 아니라 천상의 영원한 삶을 향한 출발점임을 그리스도인들에 암시코자 한다.

얼마나 고마운 일이신가, 어머니의 마지막 가시는 길이 저희 가족에겐 선물인 것을!

모든 믿음의 연분들에 은혜의 빚을 안고서 이 졸고를 마치고자 한다.

2022년 4월
아차산 자락 우거에서

목사 丁 海 宇

차례

딸(師母)의 사모곡思母曲

손자의 할머니 사랑 추모송

손녀의 할머니에게 바치는 영겁의 사랑과 찬송

2부	할머니를 떠나 보내며

이젠 세상에 없는 어머니를 그리는 가족들의 자전적 회상기自傳的 回想記

떠나신 후의 단상斷想 / 정해우 목사(사위)

3부   부르심에 순종하는 몸짓,

순례자를 돕는 성경적 호스피스 케어

사위^(牧者)의 엘레지^{哀歌}

시계 소리

멈췄다
시계 소리도
거친 숨소리도

지상에서의 마지막 숨
'목숨'
사람은 자기에게 맡겨진 '숨'이 있다고 한다
그래서

'몫 숨'

그 마지막을
지척에 있는 피붙이를 물끄러미 보면서
들이마시고
내 쉬었다

마지막 숨은
절절한 사랑으로
생의 모든 것을
다 주었다

그리고
내 쉬었다

골고다
그 사랑도
이토록 처절했을 것이다.

딸의 영혼에 남겨 두었다

시공이 무의미해진
영원의 계절

공간은 마음으로 가는가 보다
아니 마음을 주신 분이
흡족한 생각으로
기쁨을 주시였다

그렇게 허락한 마음이
영광스러운 자리로 안내했다

예배당의 찬송 소리가
하늘로 올라가기 시작할 즈음
육체로는 다가서지 못할
그 거룩한 곳에
딸이 있었다

가서는
와락 껴안고 싶다

참, 기특하고
바른 효녀였다

딸만 생각하면
미련 없는
이 세상을
한없이 더 남고 싶었다

딸의 온화한 미소 안에 근심 어린 염려를
생전에 그랬던 것처럼
'토닥'이며
격려했다

딸도 느꼈는지
잠시 위를 쳐다보았다
여린 미소를 딸의 영혼에
남겨두었다
그 사랑스러운
딸이
가슴으로 보았을 것이다

은혜가 족하다

하늘 아들은
역시

든든하다
듬직하다

여종의 기도를
주께서
참으로 들으셨다

아들을 보니
주님을 찬양할 수밖에 없다

온 성도들을 축복하는 기도 속에
마음 한쪽에는 늙은 어미를 향한
염원이 가득했다

"걱정 마시게"
참
행복하고 고마웠네

그리고

"잘 부탁하네"

조금 일찍 와서
아들의
천국의 말씀을 들으며
마지막 예배를
함께 드릴걸

미련과 후회를 가슴에 담자
그분의 영이

"은혜가 족하다"

말씀하시니
이렇게 하는 것도
참으로
큰 복이라는 것을
기쁨으로 알리신다

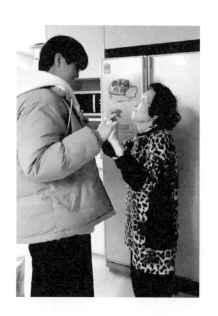

할미 가슴에 선물처럼

후회가 남겠지만
사랑스러운
내 강아지

밥은 잘 먹었지?
할미가 말없이 가더라도
서운치 말고

식혜 한 잔에도
얼굴 가득한 미소는
천사 같은 여운을
할미 가슴에 선물처럼 주었지

다윗이 그랬던 것처럼
내 생전 너를 꼭 안고
그렇게 주님 앞에
춤추고 싶었나니
그 몸의 향연은
나를 통해
너를

그리고
영원한 하나님을 찬양하며
살아가는
지혜로운
아들 되라고

송축해 내 영혼아

내 새끼
내 강아지
사랑한다
사랑한다

천사 같은
얼굴에
슬픔은 어울리지 않아
그렇지?

그러니 항상 그렇게 웃거라
그렇게. 옳지!
'송축해 내 영혼 내 영혼아'
'거룩하신 이름'

세상안의 한계와 결핍으로 살지 않고
세상 너머 영원과 충만으로 살 것이다

예배당
찬송을 함께 부르며
영원의 문을 열었다

당신의 천사들도
함께 하니
절로 신명이 났다

주일
천국 가기 가장 좋은 날이다

세상 안에서 한계와 결핍으로 살지 않고
세상은 너머서 영원과 충만으로 살 것이다

희미한 추억으로 살지 않고
얼굴과 얼굴을 대하는
선명한 은혜로 살 것이다

여린 손녀의 눈에 눈물이 떨어질 시각에
그녀의 기도는 보석 같은 하늘에서 찬송이 되었다

마지막 산 제사,
육신의 얼굴이 천국의 미소와 평화로

어쩌면
그날 사랑스러운 하늘의 자녀와
함께 했던 거룩한 소리의
지진 같은 울림과
온몸을 올려 드리려는
거룩한 몸의 향연은

마지막
예배
산 제사가 될 줄 몰랐다

시계 소리가 다시 울리기 시작했다
물끄러미 보니 육신의 얼굴마저도
천국 같은 미소로
평화로웠다

딸이 급하게 들어오는 소리가 들린다

기적같은 선물

장례 후에
존경하는 선배 목사님들과
만났다

애썼다
고생했어

다들 고마운 분들이다

그리고

그분들과 만남 후 돌아오는
내내

귀에 쟁쟁히 들리는 소리

'기적'
하늘이 주신 기적

생각해 보니
그렇구나

정신이 없어서
생각지도 못했던
계시와도 같은 말

'17일! 열이레 동안의 기적, 그리고 하나님의 선물'

그때 그곳은 천국이었구나

"춤을 배워라
 그렇지 않으면 하늘의 천사들이
 너와 함께 시작할 수 있는 것이 아무것도 없다"

아우구스티누스의 말①
천사는
춤추는 존재라고 했다는데

그날, 그 춤은
사람의 흥에서 나올 수
없는 것이구나

어떻게
어머님은 곡기를 끊고
천국 입성을 앞둔
어른이

다 큰 아들과 함께
그런 춤을 출 수 있단 말인가

딸의 피아노 소리에
아들과 함께
흥겨운 춤을

어머니는
천사셨구나

아니
그때
그곳이 천국이었구나

천국을 두 아이에게
확인시켜 주고
그렇게 가셨구나

① 안셀름 그륀, 삶의 기술 p324

그때의 찬송하심이 천국을 선포하신 거였구나

말을 할 때
모기보다 못한
소리로 억지 음성을
내시더니

그날
딸에게 피아노를 치라 하고
큰 소리로
경쾌하게
부르신 그 하늘의 곡이
천국을 선포하신 거구나

성 프란시스코처럼

그도 그랬다지
임종을 앞두고 수많은 사람이
모여 있는데

큰 소리로 찬송하였다고.
보다 못한 제자가
말렸다고

그러나 성 프란시스코는

"내가 주책인가? 미안하네. 허나 난 참을 수 없네.
왜냐하면 나는 곧 주님을 만날 것이니"[2]

② 성 프란시스코 임종─수많은 사람 모였을 때, 갑자기 큰 소리로 찬송하여 밖에 사람들이
마치 실성한 사람같이 들리게 하니, 시중들던 제자 참다못해─"선생님 밖에는 많은 사람 모
였는데 좀 신중하게 처신하는 것이 좋겠습니다. 선생님을 향한 저들의 존경심에 금이 가지
않도록 할 수 없겠습니까?" 성 프란시스코는 방긋 웃으며 "내가 주책 떨어 미안. 하지만 난
참을 수 없네. 내가 곧 죽어 천국의 주님 만날 생각하니 너무나 기뻐 찬송하지 않고서는 견딜
수 없네. 그러니 이해하게.

삶은 축복이었고 죽음도 위로인 것을

나를 위로하려 했던
어르신들이
도리어

위로가 된다고
은혜가 된다고

이런 좋은 소식은
나눠야 된다고

복음이 그렇게
세상으로 퍼져 가듯이

삶은 축복이었고
죽음도 위로라는 것을
어쩌면 어머니를
우리가 모신 것이 아니고

어머니가 우리에게 오셔서
하늘의 선물을 주시고
그렇게 아름답게 가신 것이라고

내 영혼에 기적이고 선물이었슴이

"주재여 이제는 말씀하신 대로
 종을 평안히 놓아 주시는도다"③

 시므온의 기도처럼

이 땅에서 모든 사명을
마치고

온 얼굴에 평안으로 가득 찬
그 거룩한 죽음이
이제야 감동이 되는 것은

③ 누가복음 2장 26-33절

아들과 딸의
그 복된 찬송과
그 천사들의 춤이
기적이고
선물이었다는 것을
지금도
내내
내 영혼에 깃들여 있기 때문이라

가시던 날도
거룩한 날로
이끌어 주신
하나님

축복의 기도가 끝날 때 즈음에
천국 같은 찬송 소리가
어머님의 천국행을
알려 주었다

가슴 가득히
기적의 선물이
아이들과 사랑스런 아내,
그리고 나의 심령에
새벽마다 울림으로 온다

딸^{師母}의 사모곡^{思母曲}

다시 그렇게 영원히

H 대학 입학

효녀가 되던 날
지금까지의
모든 불효가
눈 녹듯이 녹았던 날

마치
나의 대학 입학은
어머니 아버지의 기쁨을
위해 준비한 것인 양

끝없는 욕심으로
마음은 더 높은
어떤 대학으로 향했던
교만한 마음도 눈 녹듯이 녹았다

살아오면서
어머니와 아버지에게
큰 웃음을 주었던 것이
몇 번이던가?

내리사랑!

끝없는 그 사랑이
지상에서 끝났구나

그렇게 웃으시던 곳에서
나는 울고 있구나

야속한 마음이 없는 것은
아니나

이렇게 빨리 홀연히
가실 줄

식혜를 가져 가라

아, 지상에서 그 사랑이
끝났구나
손주의 입맛을
어미인 나보다 잘 알아

"식혜를 가져가라"

그 고통과 아픔 속에서도
사랑 가득한 고귀한 한 모금을 위해
준비한 피 같은 그것을

차일, 피일, 미뤄 놓고는
그 사랑이 '상했노라' 고
냉정하게 버렸던
사랑이 무엇인지도
모른 철부지 딸은

아직은 그 사랑도 그립고
아직은 그 사랑이 식지 않아서
그렇게 기뻐하던
여기

H 대학 장례식장에서
하염없이 울고 있다

엄마, 정말 사랑해요

부르시면 가신다는 그 서러운 말이

아버지 가시고
오래오래 사시라고
우리와 함께
그렇게 엄마를 위한 말인지
불효의 마음을 위안했던 말인지

알고 계셨죠? 곧 가실 것을
그래서
부르시면 가신다는
그 서러운 말이
나의 마음을 지나갔다가는
이제 다시 가슴에
비수처럼 박혀 버렸다

눈물은 별이 되어

엄마
함께 계시는 거죠? 여기
혈혈단신으로 고향을 버리고
다시 고향을 만들어야 했던

그 험악한 세월, 고통스런 날들
새벽마다 하늘의 하나님께 올린
눈물은 별이 되어 지상에 은총으로 가득하여
남편을, 자식을 봉양하고 키우셨던 어머니

하늘 가실 채비 하시기 전
그날에
손자, 손녀와 함께했던
천국의 축제를
당신의 사랑스러운 손녀는 잊지 못하여
어머니의 거룩한 새벽을
어머니가 두 손 모았던 것처럼
유언 같은 새벽의 은총을
나의 딸이
어머니의 사랑스러운 손녀가
새벽을 거룩한 총명으로
두 손 모으고 있습니다.

이전에 없던 노래로 나 주님을 경배해⑴

그날
찬송 소리가

그날
천사들과 함께했던 춤사위가

천국 잔치. 기적 같은
은혜의 예배인 것을 이제야 알게 되었네

예배자였던
아니, 예배로 초청받았던
우리는 그 감동이 지금도
가슴 가득하여
주님을 찬송할 뿐
'송축해 내 영혼아'

송축해 내 영혼 내 영혼아
거룩하신 이름
이전에 없었던 노래로
나 주님을 경배해

이전에 없던 노래로 나 주님을 경배해(2)

해가 뜨는 새 아침 밝았네
이제 다시 주님 찬양
무슨 일이나 어떤 일이 내게 놓여도
저녁이 올 땐
나는 노래해
송축해 내 영혼 내 영혼아
거룩하신 이름
이전에 없었던 노래로
나 주님을 경배해

다시 그렇게 영원히(2)

노하기를 더디 하시는 주
그의 크신 사랑 넘치네
주의 선하심 내가 노래하리
만 가지 이유로 나 노래해

송축해 내 영혼 내 영혼아
거룩하신 이름
이전에 없었던 노래로
나 주님을 경배해
곧 그날에 나의 힘 다하고
나의 삶의 여정 마칠 때
끝없는 찬양 나 드리리라

수많은 세월 지나 영원히④

가시던 그 날

어머니 앞에서 부르던

찬양이

이생에서 마지막이었지만

'찬양대'로 찬양하기에 기뻐하시던

어머니

그렇게 찬양함으로

다시 그렇게 영원히

④ 송축해 내 영혼아 작곡 Jonas Myrin 작사 Matt Redman

어머니 가시는 길을 복되게 하심에

사랑에 빚진 자

혈혈단신으로 오신 어머니를
하늘의 하나님은
그렇게 보내시지 않고

수많은 거룩한 성도들의
천국 환송이
어머니 가시는 길을
복되게 하심에

그저 감사하고
또 감사할 뿐

어머니 가신 후로
하나님이 은총같은 선물을 주시어

어머니를 기억하는
아니, 어머니의
하나님을 기억하는 총명으로
살아계신 하나님이

그 하나님 품에 영생으로
살아계신

내 그리운 어머니를 만나는
신비를 주심에

오늘
이 새벽에도
두 손을 모은다

손자의 할머니 사랑 추모송

소풍 끝나는 날

할머니의 소풍은 끝났다
할머니는 어떤 시인의 말처럼
아름다웠다고 말하고 계실까?

새벽에 갑자기 잠을 깨었다
어디선가
부르실 것 같은
할머니

그리고 그 달짝지근한
식혜 한 사발이
먹고 싶었다

갈증이다

너무 목이 마르다

할머니의 사랑이 그리워서
할머니의 고백이 그리워서

그 사랑으로

그날
춤을 추시면서
하시던 귀엣 말

"정주영, 사랑해"

마지막 기도였다

할머니의 그 사랑이
목이 마르다

얼마나 인생이 간사한가?
생존하실 땐
영원처럼 함께 할 것 같은데

훌훌 떠나시니
그립고
아픈 것을
소풍날

유독 먹고 싶은 치킨이 있었다.
할머니만 계신 그날에
기대치 않았는데

할머니는 용케 다 늦은 저녁에
먹고 싶다던 그 치킨을
사 오셨다

이미 문 닫을 시간에
할머니는
닫힌 문을 여셨다

그 사랑으로

목구멍으로 넘어 가는 것은
고통스런 후회의 눈물이었다

할머니는
식혜 좋아하는 손자를 위해
그 달콤한 사랑을
항상 준비하셨다

마지막 식혜,
분주하고 바쁘다고
마시지도 못한 채

그 사랑을 외면했던 것은
아닐까?

나도, 엄마도
그 사랑을
그 사랑을 언제든지 마실 수 있다고
언제든지 가기만 하면
언제든지 거기 계실 줄 알았다

언제든지

마지막 식혜는 상해 버렸다.
피 같은 사랑은

목구멍으로 넘어가는 것은
고통스러운 후회의 눈물이었다

할머니의 품은 사랑보다 강렬했다

평생 처음 할머니와
춤을 추었다

동생의 피아노 소리에
할머니는
나의 손을 잡고
그 힘이 없던 분이
하나님을 찬양하며
손을 잡고
나를 안고 춤을 추셨다

64

할머니와 춤을 추면서
나의 마음도 울컥하고
나의 영혼도 춤을 추는 것 같고
연약하던 할머니의 품은
그 어떤 사랑 보다도
강렬했다
그렇게 뜨거운 사랑을
주셨다

온몸의 모든 힘을 쏟아 부어 주시는 느낌이다.
아직도 선명한 그 고백 그 사랑

"사랑한다"

그렇게 한바탕 위대한 춤을 추시고는
이내 또 누우셨다

이제는 훌훌 떠나기라도 하듯이
목소리도,
움직임도 작아지셨다

다시 일어나시어
또 한 번의 춤을
또 한 번의 부활을

오래오래 사시라고
나도 모르게
기도하고 기도했다

마지막 할머니의 선물

풍수지탄

그렇게 나는 풍수지탄의 마음이 뭔지
이렇게 가신 뒤에 절절히 느낀다

할머니 소풍 끝내는 날,
아름다운 이 세상을 뒤로하시던 날

신년이라고 친구들과
한 끼의 식사와 할머니의 마지막과 바꿨다
어쩌면 할머니의 고통과 그 아픔을
외면하고 싶었던 것일까?

아니면
할머니와 마지막 이별을
두려워했던 것일까?

'효도하고 싶어도 이제는 할 수 없는 슬픔'

그런데도 이상하리만큼
나를 위로하는 것
나의 가슴에 박혀 있는 것은

마지막 할머니와
어우러져 춤을 추었다는 것

그것이 아마도
나에게 주신
할머니의 선물
그리고
하늘의 선물이 아니었던가

그래서 할머니가 아름다웠다고 말하는 것처럼
나도 할머니에게

아름다웠다고

행복했다고

고백할 수 있지 않을까
나 하늘로 돌아가리라
새벽 빛 와 닿으면 스러지는
이슬 더불어 손에 손을 잡고,

나 하늘로 돌아가리라
노을빛 함께 단둘이서
기슭에서 놀다가 구름 손짓하며는,

나 하늘로 돌아가리라
아름다운 이 세상 소풍 끝내는 날,
가서, 아름다웠더라고 말하리라... ⑤

⑤ 천상병 시인의 '귀천'

손녀의 할머니에게 바치는 영겁의 사랑과 찬송

기도 그 거룩한 유산

곡기穀氣

할머니가 곡기를 끊다
임종의 징조였다

원망이어도 좋았다
영원처럼 살 것 같은 인생이라고
철없는 생각이어도 좋았다

할머니가 살 수 있다면

"할머니 우리랑 이제 살기 싫은가 보다"

시계 소리는 야속하게도 크게 크게 들렸다
시간이 할머니를 데리고 가는 것 같았다
이런 것이 간절함인가 보다
기도가 그렇게 안 되던 기도가
절로 나온다

"주님, 도와주세요"

할머니의 숨소리가 시계 소리인지
시계 소리가 할머니의 숨소리인지

할머니의 호흡은 찬송이었다

고요하다

들려오지 않은 할머니의 호흡이
그리웠다

그렇게 하늘나라 가기 아주 좋은 날
그날은 거룩한 주일이었다

할머니의 마지막 호흡은
예배였나 보다.
아니 찬송이었다

그리고 자신의 몸을
주의 제단에 올리셨다
늘 그렇듯이
조용히
며칠 전
할머니 갑자기 다가오셔서
피아노를 치라고 하셨다

그리고 오빠와 함께
춤도 추시고
모든 방 앞에서
기도도 하시고
이렇게 건강하신
할머니

아, 할머니가 이제 회복하셨구나.
이제 우리와 오래오래 사실 수 있겠구나

너무나 행복했다.
할머니의 부활이
이렇게 큰 위로가 되었다
"할머니 우리와 오래오래 같이 살아요"

흥에 겨운 나의 고백에 할머니도
그렇게 말씀하실 줄 알았다

그러나
할머니는 그때 이미 알고 계셨던 것일까?

"하나님이 부르시면 가야지"

할머니의 말씀이 섭섭했다
그래도 이렇게 건강해지셨는데
함께 오래오래 살길 원하는데

그런데 그날 그 거룩한 콘서트가
마지막이었다

마지막 기도, 마지막 찬송, 마지막 축복

그날 이후
할머니는 다시 누우셨다

한 번 더 찬양하고 춤추는 시간을
기대하고 있었는데
생의 모든 것을
다 뽑아 내었던

마지막 기도
마지막 찬송
마지막 축복

어쩌면 우리 집으로
오신 이유도
늘 새벽마다 일어나셔서
나를 위해, 우리 가족을 위해
기도하시던

그 사랑을
마지막까지 주시려고
오셨나 보다

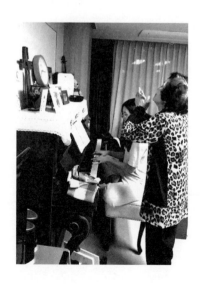

새벽마다 하늘 문을 여신
할머니의 제단 덕에 살았구나

할머니의 지갑에 놓여있는
낡은 사진

그 사진이 할머니의 자랑이요
할머니의 위로요
힘이었다는데

그렇게 가슴에 품고 품어서
마지막 남은 힘까지 모아서
사랑하는 아들과 딸, 손자와 손녀에게
사랑을 주시고 가셨다

돌아보니
나는 할머니의 사랑으로 살았구나.
할머니의 기도로 살았구나

아
그러고 보니
새벽마다
하늘의 제단을 쌓은
할머니의 거룩한 유산을
나도 그 사랑으로
올리고 있구나
그 영원의 길은
새벽으로 하늘 문을
새벽마다 하나님께 올리신
그 기도

그 시간에
나도
두 손을 모았다

영원히 산다는 것을 온 몸으로
말씀하시고 가시었다

거룩한 유산이
내 온몸을 감싸고 있다

선물 같은
날들이었다

17일 동안

영원히 산다는 것이
무엇인지 분명하게
온몸으로
말씀하시고 가시었다

찬송은 소리의 영광으로 주님 앞에 있고
기도는 심중의 고백으로 주님 앞에 있고
주님은 영원으로 산 자와 죽은 자 가운데
함께 하신다

오늘도 나의 영혼에
살아서
시간 안에서도
시간을 넘어서는

찬송이 있다는 것을
기도가 있다는 것을

그 새벽에
또 이 새벽에도
알게 하신다
새벽기도
－별의 기도⑥

⑥ 시 ' 새벽 기도 ' － 김동기 시인

연약한 기도 소리는
하늘로 올라가서는
별이 되었다

별들은
외로운 자의 벗이 되고
연약한 자의 위로가 되고
작은 자들의 희망이
되었다

벌써
기도 소리는
시대를 지나고
시간을 넘어서

누구에게는
유언이 되었고

누구에게는
유산이 되었다
그 어느 나라에선
지금도
새벽마다
하늘로 올라가는
기도 소리가

별처럼 빛난다

2부 할머니를 떠나 보내며

이젠 세상에 없는 어머니를 그리는
가족들의 자전적 회상기自傳的 回想記

떠나신 후의 단상斷想

엄마의 사랑과 삶을 눈물로 회상回想하며

할머니의 모습으로 오신 예수 그리스도

할머니의 사랑을 고이 간직하며

한번 죽고 영원히 사는 길을 가셨다

아버님의 죽음도 예상 못했듯이 어머님의 죽음 또한 전혀 예측치 못한 사건이었다. 때문에 장인 어른과 장모님이 20일 어간에 함께 하나님의 부르심을 받아 가족들의 상실의 아픔은 가히 충격적이었다.

그로 주변에서 많은 분들이 위로하였다. 그러나 그 경황 없었던 지난 17일간을 지내 놓고 보니 상실의 아픔보다 더 큰 선물을 받은 축복의 시간을 체험하였음을 깨닫지 않을 수 없다.

특별히 장모님은 삶의 애착과 동시에 죽음의 숭고함을 가족들에 보여 주셨다. 삶이 축복이라면 죽음 조차에도 감사드리는 믿음의 모범을 실천해 드러낸 것이다.

한결같은 믿음이셨다. 죽음을 순종해 받아 들이셨다. 그리하여 생의 마지막 순간이 다가옴에도 담담히 천국을 바라보며 넉넉한 믿음의 여유를 견지堅持하신 모습이 가족들에게 신앙적 어르신다움을 각인시켜 주고도 남음이 있으셨다.

주님을 평생 바라 보고 사시다가 아버님이 먼저 가신 천국을 그렇게 순례의 길을 떠난 것이다.

나는 목자牧者로서 부지런히 주님이 드렸던 기도를 때마다 간구해 드렸다.

하나님 "어머님의 영혼을 받아 주소서" 아멘.

어머님은 끝내 이 땅에 더 살고자 연연하지 않으셨다. 죽음을 넘어선 믿음의 선각자로서 이미 어머님 안의 죽음을 넘어 하늘 나라를 바라 보고 주님이 부르시는 순간을 순순히 기다리고 있으셨던 것 같았다.

삶과 죽음 사이에서

삶의 여정에서 죽음은 친숙한 동반자다.
죽음은 우리를 하나의 자리로 이끌고 있다.

슬픔 앞에서 잠시나마 우리는 모두 하나가 되었다.
죽음 뒤에 남은 것은 또 다른 생명이다.

아버님, 어머님이 떠난 그 자리에
당신의 자손(딸 사위 손자 손녀)들이 있다.

모든 것이 사라진 순간에도
우리의 미래엔 희망이 있다.

그 희망은 '부활' 이었다.
우리의 미래엔 희망이 있다.
그 희망은 '부활' 이었다.

엄마의 사랑과 삶을 눈물로 회상回想하며 / 김영진 사모(딸)

어머니의 품은 두려움 없는 평안이었다

아!
이 지상에서 가장 사랑하는 분이 가셨다.

나의 어떠한 허물과 잘못도 항상 품어주시던 큰 사랑.
나의 연약함도 그분에게는 사랑이 되고
있는 그대로 받아주시던 그 따뜻한 사랑.

어머니의 품은 두려움 없는 평안이었다.
태산泰山같은 모습, 우뚝 솟은 낙락장송落落長松 같던 그 사랑이
이제는 그 향기로움만 남기고 가셨네.

부르면 거기 계실 것 같았고
항상 인자한 미소로 바라 보실 것만 같았는데
평생의 철없는 자식의 아픔은
가슴 가득한 후회의 어리석음으로
겨운 눈물을 흘리게 하는구나.

89

길을 가다가 어여쁜 옷 가게의 옷을 보아도
신발가게의 고운 신을 보아도

그리운 미소만 여운으로 남을 뿐
끝내는 아려오는 아픔의 외침만.

저 어여쁜 옷과 고운 신을
환한 웃음으로 입고 신어 주실
어머니의 절대적 부재.

"어머니, 어머니, 그리운 내 어머니."

항상 딸의 편이 되어
딸의 기쁨과 아픔을
어머니 자신의 기쁨과 아픔보다
더 크고 깊게 감당하셨던 어머니.

아, 하나님.
그 연약한 육체를
그 그리운 품을 한 번만
꼭, 한 번만 안기고 싶습니다.
철없는 절규는
하늘에 닿아서는
주님의 위로가 또 나를 치유합니다.

주님,
세상에서 어디에서도 만나 볼 수 없는
이별의 고통이 나를 덮을 때,
주신 그 말씀 기억하고 기억합니다.

"나는 너와 영원히 함께 할 것이다.
내가 너의 어머니와 함께했고
너의 어머니가 내 사랑으로 널 사랑했듯이
너의 어머니의 사랑은 이 땅에서 사명을 다했지만
나의 사랑은 영원할 것이다."

주님의 사랑을 확인시켜 주시며
하늘의 위로와 소망으로 채우시네
내 영혼을

어머니,
이 땅에서 마지막 호흡하시고
주님 앞에 가시던 날
하늘의 찬양으로 송축하게 하시고
어머니,
마지막 호흡하시던 날
영으로 부른 찬양
하늘의 천군 천사와 함께
내 영으로 송축하게 하시네.

어머니,
이 연약한 딸도 언젠가
아버지, 어머니와 함께
저 천국에서 이전에 없었던
새 노래로
주님을 경배하고 송축하겠지요?

그날을 주님 안에서 소망 가운데
바라보며 오늘도 은혜로 살아갑니다.

어머니 생전에 기도로 몸소 보여 주셨던
신앙의 유산 잘 이어받아 믿음으로 살아갑니다.

그곳,
하늘나라에서 주님과 함께 응원해 주실 거죠?
어머니,
사랑하고 그리운 어머니,

정말 너무 감사했고,
사랑합니다.

나의 가장 사랑하는 어머니!
주님 감사합니다.

내 평생 귀한 어머니를 보내 주셔서
사랑으로 함께 하셔서
감사합니다.

지금도 두 손 모은
이 시간에
주님 주신 사랑으로
어머니를,
내 주님을
더욱 크게 느낍니다.

사랑합니다.

놀람, 아픔, 슬픔, 걱정, 힘듦

할머니, 할머니가 이렇게 빨리 가실 줄 몰랐어요,
정말 영원할 것 같았던 나의 사랑하는 할머니!
할아버지 돌아가시면서 만나게 된 할머니를 보고 깜짝 놀
랐어요.
마지막으로 뵈었던 게 몇 달 전 추석인데
그사이 너무 힘들고 못 알아볼
정도로 노쇠하신 할머니 모습을 보니
할머니를 대면한 제 마음은 '놀람'과 '충격'이였어요.
그러나 할머니는 웃으면서 제 이름을 부르셨어요.

할아버지 장례부터 우리 집에 누워계실 때
마음이 너무 아팠어요.

두 번째 제 마음은 '아픔'이였어요.
장례식 중간중간 할머니를 돌보기 위해 집에 왔을 때
그 첫날 저를 조용히 부르셔서 손을 잡고 기도해주셨어요.

사다 드린 죽도 잘 못 드시면서 장례식장 돌아갈 때
차비 하라고 돈을 주시려고 하면서 저를 먼저 생각하고
챙기시는 모습이 저는 너무 슬펐습니다.

세 번째로 제가 느낀 건 '슬픔' 이었어요.
할아버지 장례식을 은혜 가운데 잘 치른 뒤
할머니는 말도 제대로 못 하시고 누워만 계셨어요.

그 후로 며칠을 밥도 못 드시고 앓기만 하셔서
하루하루 걱정되기 시작했어요.

할머니에 대한 네 번째 마음은 '걱정' 이었어요.
엄마가 죽을 드려도 입에 대지 않는
할머니를 보니 너무 걱정되었어요.

어떻게 해야 할머니가 식사를 하실 수 있을까 생각하다
'손자 왔다' 라고 '주영이 왔다' 라고 하면서
제가 할머니 밥 드시라고 하니까
눈을 억지로 부릅뜨고 방긋 웃으시면서
한입이라도 힘겹게 드시려고 하셨어요.

나중에 할머니 혼자 화장실도 못 가실 정도로
거동이 어려워 부축해드리는데 체중을 못 버티시고
갑자기 바닥에 쓰러지시고 몸에 힘이 없어서
너무 힘들고 지쳐갔어요.

다섯 번째 제 마음은 '힘듦' 이었어요.
제가 너무 힘들어하니까
할머니가 다리를 주무르라고 하시고
같이 걸어보시려고 노력하셨어요.

그렇게 며칠이 지나 2021년 마지막이 되던 날,
할머니가 양팔을 위로 드시고 저를 부르시더니
안아달라고 하셨어요.

누워계신 할머니를 안아드리니
정말 어디서 그런 힘이 나셨는지 풀기 힘들 정도로
꽉 안아주시더니 십여 분을 기도해주셨어요.
그리고 저는 '송구영신 예배하러 가야 한다' 라고
할머니에게 말하고 예배를 하러 가서 할머니를 위해
정말 열심히 기도하고 다음 날 할머니에게

새해가 왔다고 2022년이라고 속삭여드렸어요.

2022년 1월 1일 토요일이 되었고, 그동안 할머니가 걱정되어
집에만 있었는데 새해라서 멀리서 온 친구들과
신년맞이를 위해 하루만 나갔다 오려고 했어요.
그날이 할머니를 보는 마지막 날이 될 줄 몰랐어요.

외출 전 어머니는 찬양대의 찬양 연습하고 계셨고
저는 할머니에게 인사드리고 나가려고 했어요.
그런데 매일 누워계시던 할머니가 일어나시고 걸으시면서
저에게 오셨고 엄마 찬송에 맞춰서 제 두 손을 마주 잡고
함께 춤을 추시고 마지막 저를 포옹하시더니
기도를 해주셨어요.
제가 할머니에게 받은 마지막 축복기도였어요.
그날 바보같이 저는 친구가 기다리니 얼른 나가려고 했고
'할머니 숨 막힌다' 라고 그만 놔달라고 했어요.
그것이 할머니의 아쉬워하는 얼굴을 살아계실 때
마지막으로 본 모습이 되었어요.

다음 날 아침 일찍 집을 오려고 하던 저에게 친구가
멀리서 왔는데 점심같이 먹자고 해서 불안하긴 했는데
딱 점심만 먹는 거니까 1시간만 시간 내서
밥을 먹고 집으로 가고 있었어요.

정말 다 왔는데 아, 그 시간 집 근처인데
동생에게 전화가 오고 울먹거리는 목소리와
할머니가 숨을 안 쉬신다고 하는 말을 듣는데
모든 것이 무너지는 절망적이고 고통스러운 시간이었어요.

집에 왔을 때 할머니는 편안하게 눈을 감고 계셨어요.
정말 내가 옆에 있었다면 할머니가 살아있지는 않았을까?
하다못해 임종을 옆에서 못 지켜드린
저 자신에게 너무 화가 나고 죄책감도 들고
용서가 되지 않았습니다.

제 마지막 마음은 분노와 슬픔보다는 '죄책감' 이 너무 컸어요.
할머니 장례식 내내 그 생각이 자꾸 잊히지 않아서
괴롭고 죄스럽고 너무 힘들었습니다.

할머니 입관하는 날,
할머니에게

"미안해요, 할머니"
"정말 미안해요."

그리고

"사랑해요, 할머니"

이렇게 말하면서 할머니 얼굴을 봤는데
정말 편안해 보이고 저에게
사랑한다고 말하는 모습이 보였고,
그 모습이 마치 천사를 보는 것처럼
제 마음을 평온하게 했어요.

마지막 날, 제가 나간 날,
할머니 돌아가시기 전날 할머니가 우리 가족 방 앞에서
각각 기도를 하셨다는 말을 듣고 정말 많은 눈물을 쏟았어요.

할머니는 하나님 부르심을 받고 준비하셨던 것이고
천국 가는 순간까지 우리 가족을 위해서
정말 많은 기도를 하셨다는 사실을
할머니 장례식을 치르며 깨달았어요.

할머니의 축복, 그 크신 사랑을
할머니가 돌아가시고 나셔야 알게 되었어요.

장례식 이후 그동안 할머니가 17일간 우리 집에 계시면서
저에게 남겨주신 모습들을 돌아보게 되었어요.
'놀람'을 웃으면서 이름 부르며 '안심' 시키시고,
'아픔'을 손잡고 기도하며 '치유' 하시고
슬픔을 손자 먼저 챙기시며 '위로' 하시고
'걱정'을 밥을 드시면서 '안심' 시키시고
저의 '힘듦'에 같이 걸으시며
'힘'이 되어 주시던 모습은
하나님의 모습이었다는 걸 깨달았어요.

마지막으로 할머니가 남기신 가장 큰 '축복'은
하나님의 크신 사랑을 느끼게 하신 것입니다.

할머니는 임종하시기 직전까지 기도하시고 사랑하시면서
십자가에 죽은 신 예수그리스도의 사랑을 느끼게 하셨습니다.
예수그리스도의 '죽음'이 '죄'에서 우리를 자유롭게 하셨듯이
할머니의 죽음은 저에게 그저 벗어나기 힘든
죄책감과 슬픔이 아니라
'죄책감'에서 벗어나 자유롭게 하신
하나님의 사랑이라고 믿습니다.

할머니 사랑해요!
너무너무 보고 싶어요.

천국에서 주님과 할아버지랑 함께
행복하게 계세요.

그저 사랑만하며

할머니는 늘 지갑 속에 나의 사진을 넣고 다니셨다.
어디를 가든지 그 사진을 꺼내 보이며 자랑을 하실 만큼
많이 아끼고 사랑하셨다.

할머니는 평범한 나를 언제나 특별한 존재로
바라봐주신 듯하다.

전화도 몇 번 못 드리고 표현도 제대로 못 하는
부족한 모습뿐이었음에도 할머니 시선 속 나는
그저 사랑스러운 손녀였나 보다.

돌이켜보면 먼저 안아주고 사랑한다고 말하는 건
언제나 할머니였다.
할아버지께서 돌아가신 직후 할머니를 우리 집에서 모시게
되었다.
항상 해맑게 웃는 얼굴로 맞아주시는 할머니였는데,

처음으로 내 앞에서 하염없이 눈물을 흘리셨다.
사무치는 슬픔과 외로움을 어떤 말로도 위로할 수 없어
그저 곁에 앉아 있기만 할 뿐이었다.

할머니께서는 내게 기도를 부탁하셨다.
할아버지가 이젠 하나님 품에 안기어 평안하시기를,
그리고
우리 가족들 마음에 위로가 있기를
함께 손을 모으고 기도드렸다.

할머니와 단둘이 시간을 보낼 때면
간간이 할아버지와의 추억을 말씀해주셨다.

할아버지를 처음 만난 순간의 설렘부터
사별 후의 슬픔까지 고스란히 느낄 수 있었다.
회상에 잠기시다가도 나와 눈이 마주치면
따뜻한 미소를 지으며 두 손을 잡고 기도해주셨다.
목회하시는 부모님을 위해,
손주인 오빠와 나를 위해서 매일 쉬지 않고 기도하셨다.
기운이 없어 줄곧 누워 지내시던 할머니께서 어느 날

거실로 나오시더니 내게 반주를 시키곤 찬송을 부르셨다.

어설픈 피아노 소리 위에 더해지는 고운 목소리.
그 연세에도 할머니의 노랫소리는 맑고 힘이 있었다.

피아노를 손에서 놓은 지 오래된 탓에
나는 손이 많이 굳었다며 아쉬워했지만,
할머니께서는 그래도 찬송가를 부르는 일이 즐거우셨는지
얼굴엔 미소가 가득했다.

다음에는 더 잘해야겠다고 다짐했지만,
그 이후 할머니는 다시는 기력이 쇠한 몸을 일으키지 못하셨다.

새해 첫 주일 아침,
찬양을 듣던 중 히즈윌(His Will)의 '그저 사랑만 하며'라는
곡의 가사가 (그날따라) 선명하게 들려왔다.

할머니와의 시간이 이제 얼마 남지 않았음을 직감해서였을까,
내게 주어진 시간 후회 없이 사랑만 하며
살기를 원한다는 노랫말처럼

할머니에게 하고 싶었던 말을 전했다.

그동안 많이 힘드셨는데 제대로 몰라준 못난 손녀라고⋯
그렇지만 그 누구보다 할머니를 사랑한다고.⋯.

그러나 할머니는 나를 바라보지도,
어떤 말씀도 하시지 못한 채 가쁜 숨만을 내쉬었다.

시계를 대신하여 방안을 채우던 할머니의 숨소리는
어느 순간 사라졌고, 그렇게 할머니의 시간은 멈췄다.

마지막 순간까지 손녀의 말과 기도를 들어주신 할머니.
비록 육신은 곁을 떠났지만,

이제는 그 영혼이 하나님과 함께함을 믿기에 감사하다.
그럼에도, 할머니가 좋아하던 보라색 꽃들이 피기를 기다리
는 걸 보면
여전히 할머니를 향한 그리움이 남아 있는 듯하다.

3부	부르심에 순종하는 몸짓
	순례자를 돕는 성경적 호스피스 케어

열이레 동안의 기적의 여정 Diary

열이레 동안, 기적의 여정 Diary

사랑하는 아버님이 하늘의 부르심을 받고 나신후 홀로 계
신 어머님을 모셔 오게 됐다. 이로써 우리 가정은 어머님의
믿음과 기적적인 임종 과정을 가까이 체험하게 되었다.
마침내 온 가족이 겪은 그 이루 말할 수 없는 은혜를 나누
기 위하여 이 기적같은 경험을 기록하게 되었다.
우리 가족만 체험한 기적은 그 열매가 우리 안에서만 남지
만, 기록하여 나누는 사역은 세상에서 거룩한 복음의 확장
으로 이어져 하나님께 영광이 될 것으로 생각한다.
자! 지금부터 그 여정을 열이레 17일간에 걸쳐 어머님의 놀
라우신 믿음의 몸짓과 표정에 따라 세세히 기록하여 둔다.

2021년 12월 16일 목요일(준비일)

새벽 4시경 장인어른 89세기의 일기로 하나님의 부르심을
받는다.
오전 6시 어머니로부터 전화 연락받다.
8시 성남 자택에 우리 부부 도착하다.

8시 30분 신고 및 의료팀 방역팀 경찰 담당관 도착하다.

10시경 심정지 진단이 나오다.

11시경 한양대 장례 예식장으로 장인어른을 빈소를 마련하다.

오전 10시경 바로 어머님을 서울에 있는 우리 집으로 모셔 오다.

약 30분 승용차로 이동하는 시간, 차 안에서 어머님은 충격을 받아서 딸 무릎에 누워계셨다.

간간이 아내가 어머님을 위로한다.

어머님은 말이 없으셨다.

장인어른 장례식 3일간 심신이 약해지신 어머님을 집에 계시게 하다.

이날부터 84세 되신 장모님과 17일간의 삶이 시작되다

12월 17일 금요일(1일)

장인어른 오후 4시 입관 예배를 드리다.

12월 18일 토요일(2일)

오전 9시 발인예배를 드리다.

오전 11시 성남 승화원에서 화장 및 하관 예배를 드리다.

오후 1시경 유골함을 성남 승화원 납골당에 안치하다.

오후 4시경 서울 집에 도착하여 어머님께 장례식 모든 상

황을 알려 드리다.
신양교회 당회와 모든 성도의 사랑 속에 은혜롭게 잘 마침
에 감격하시다.

12월 19일 주일(3일)

새벽 4시 기상하시어 방에서 기도하시다.
늘 4시에 일어나는 것이 습관이 되어 계셨다.

12월 20일 월요일(4일)

혈압약 때문에 집 앞에 내과 병원을 부축해서 방문했다.
처방전 받아 약을 사고 집에 무사히 오셨다.

12월 21일 화요일 - 23일 목요일(5일 - 7일)

3일간 식사를 못 하시고 누워 계셨다.
기력이 약하여 영양제 주사를 맞게 하다.
간호사 출신 하 권사님께서 방문하여 간호해 주셨다.

12월 24일 금요일(8일)

장모님은 성탄전야예배를 영상으로 드리다.
몸이 쇠약해져 괴로운 순간에도 영상예배

시간에는 일어나셔서 앉아서 드리셨다.
"아멘 아멘"으로 화답하셨다.

12월 25일 토요일(9일)

성탄절 예배를 영상으로 드리다.
신기할 정도로 영상예배 시간에는
일어나셔서 앉아서 드리셨다.
"아멘 아멘"으로 화답하셨다.

12월 26일 주일(10일)

주일 예배를 영상으로 드리다.
영상예배 시간에는 일어나셔서 앉아서 드리셨다.
"아멘 아멘"으로 화답하셨다.

12월 27일 월요일(11일)

가정예배를 드리다. 어머니는 자녀를 위해 축복 기도하시다
나는 사위 이전에 목사로서 어머님을 위해 간절히 기도 하
다. 이후 기력이 쇠하여 누워 계시다.

12월 28일 월요일(12일, 기적의 날)

갑자기 일어나시더니 손자와 함께 거실에서 춤을 추셨다.
손자를 향한 간절한 축복기도를 하셨다.
잠시 후 손녀에게 피아노를 치게 하시더니 찬양을 부르셨다.
아내는 너무 놀라운 광경이라 영상으로 간단히 녹화했다.
저녁에 나에게 기도를 요청하셨다.
나는 어머님의 건강 회복을 위한 기도와 하늘 소망을 위한
기도를 올려드렸다.

12월 29일 화요일(13일)

연세가 있으시기도 하시고 식사하기가 어려우시니, 급속도
로 기력이 쇠하여지다 아내는 안타까운 마음으로 죽을 써
떠먹이고 기운 내라고 반복하다.

12월 30일 수요일(14일)

어머님은 조용히 누워계셨다.
오늘도 아내는 안타까운 마음으로 죽을 쒀서 떠먹이고 기
운을 내라고 반복하다.
나는 손을 얹고 간절히 회복과 평안을 위해 안수 기도 하다.
어머님은 그 순간에도 하나님의 부르심을 아셨는지 침착하셨다.

적게 말씀하셨고 느리게 말씀하셨고 낮은 목소리로 말씀하셨다.

"그동안 고마웠다.

아들이 되어 주어서 고맙다.

하나님의 종이 된 것이 늘 자랑스러웠다."

비록 거친 숨소리요 발음이 정확하지는 않았지만

얼마나 강한 전달과 느낌을 주셨는지 아직도 생생하다.

12월 31일 목요일(15일)

조용히 누워계신 어머님의 모습이 평화로웠다.

아내는 걱정스러운지 이런저런 말을 건네고 있다.

난 방에서 조용히 나왔다.

저녁 송구. 영신 예배를 영상으로 손녀딸과 함께 드렸다.

참 행복해하셨다고 한다.

2022년 1월 1일 토요일(16일)

새해 인사를 드렸다.

짧게 덕담도 하시고 건강과 행복을 빌어주셨다.

그리고 생리 현상 외에는 누워계셨다.

저녁에 가족과 함께 어머님 손을 잡고, 위해서 간절히 기도했다.
내가 할 수 있는 것은 기도뿐이었다.

2022년 1월 2일 주일(17일)
주일 아침 일찍 교회 나오면서 인사를 드렸다.
어머님은 눈으로 인사하시며 조용히 누워 계셨다
손녀 딸 보영이가 할머니 곁에서 간호했다.
주일 3부 예배 축도를 마치고 딸아이에게서
숨이 가쁘다고 연락이 오다.
집에 도착하여 기도하다.
오후 1시경 의료진 심정지를 진단하다.
집(신양교회 사택)에서 하나님의 부르심을 받다.

기록자 : 정해우 목사

황폐와 상실의 시대를 이기는 52주 QT

공동체 성도와 나누는 QT 결정판! – 사계절의 정원

미증유 코로나 19의 두드러진 폐단은 '거리두기' 사람간의 관계 단절입니다.
여러 해째 겪는 이 단절로 사람들의 마음과 정서는 날로 황폐해지고 있습니다.
이 때 꽃과 풀과 나무가 있는 조용한 정원의 추억을 떠올려 보십시오.
분명 그 곳은 우리들 마음에 치유와 회복을 선사하는 값진 장소일 것입니다.
그러나 아쉽게도 아파트를 소유하며 정원을 상실하게된 많은 현대인들에게 있어
정원은 한낱 추억에 불과합니다.
이에 이 '52주 QT 칼럼집 '사계절의 정원' 은 말씀을 갈고 닦아 공동체 성도와 공유함으로써
우리들 삶이 변화하여 성숙한 영성에 이르게 하는 길잡이가 될 것입니다.

내 혀로 드리는 나의 고백의 제사를 받아주십시오.

주님께서 내 혀를 지으시고 놀릴 수 있게 하신 것은

주님의 이름을 찬송하게 하시기 위한 것이기 때문입니다.

내 영혼으로 하여금 주님을 찬송하는 것으로

그 사랑하는 마음을 표현할 수 있게 해 주시고

주님이 베풀어 주신 자비와 긍휼을 고백하는 것으로 주님을

찬송할 수 있게 해 주십시오

아우구스티누스, 고백록. p. 133